I0698432

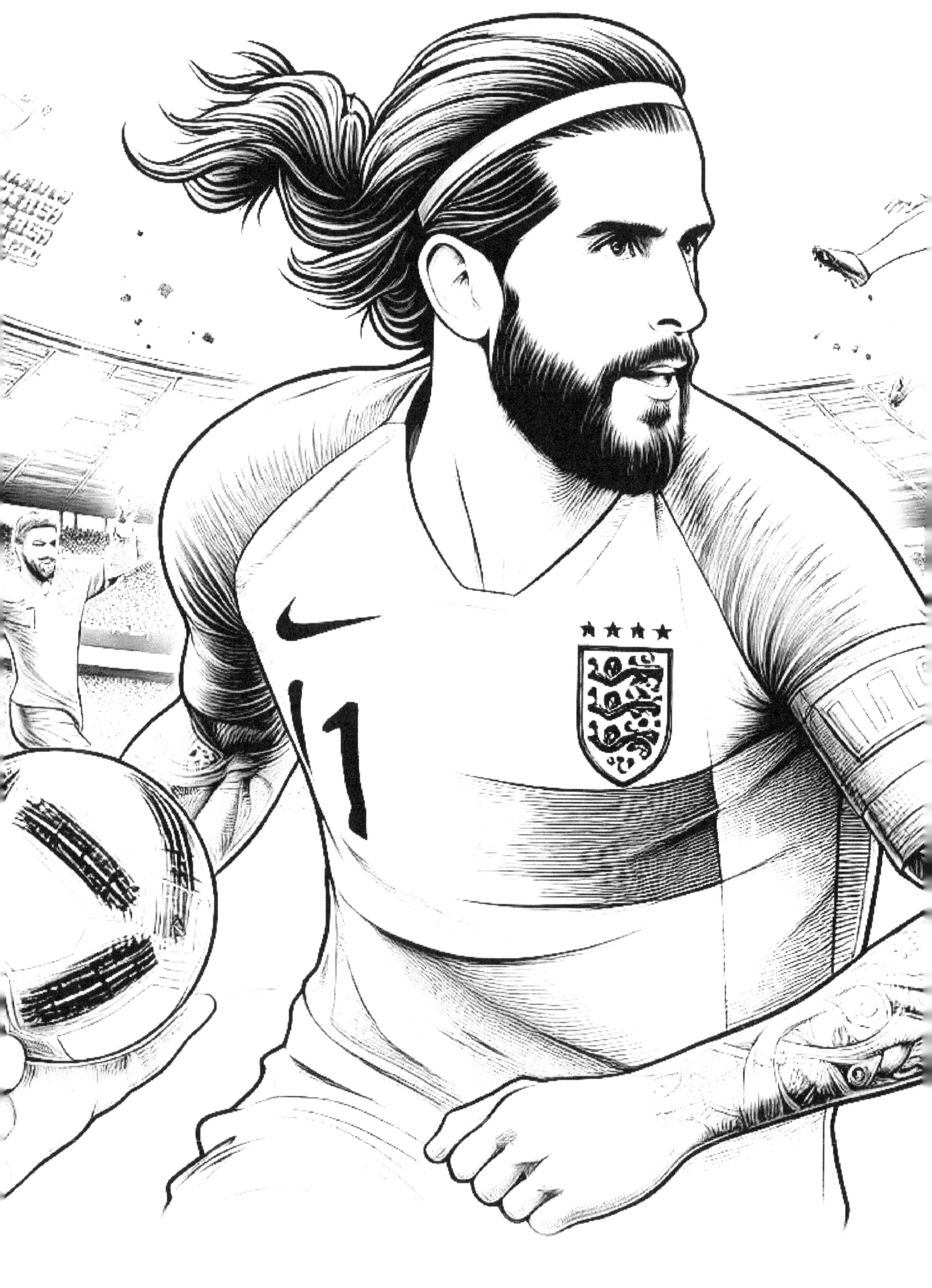

BEM-VINDO AO MARAVILHOSO MUNDO DO FUTEBOL, ONDE A PAIXÃO, A HABILIDADE E A EMOÇÃO SE UNEM PARA CRIAR UM ESPETÁCULO ÚNICO E INIGUALÁVEL! ESTE LIVRO DE COLORIR É UMA HOMENAGEM VIBRANTE AO ESPORTE MAIS POPULAR DO MUNDO, OFERECENDO UMA OPORTUNIDADE ÚNICA PARA OS AMANTES DO FUTEBOL EXPRESSAREM SUA CRIATIVIDADE ENQUANTO CELEBRAM A BELEZA DO JOGO.

ESTE LIVRO DE COLORIR NÃO É APENAS UMA COLEÇÃO DE IMAGENS, MAS SIM UM CONVITE PARA PARTICIPAR ATIVAMENTE DA EMOÇÃO DO FUTEBOL. ENTÃO, PEGUE SEUS LÁPIS, SOLTE SUA IMAGINAÇÃO E MERGULHE NESTE MUNDO CATIVANTE, ONDE A ALEGRIA DO JOGO GANHA VIDA ATRAVÉS DAS CORES NAS SUAS MÃOS. QUE CADA TRAÇO SEJA UMA CELEBRAÇÃO DA BELEZA E DA PAIXÃO QUE TORNAM O FUTEBOL UMA EXPERIÊNCIA INIGUALÁVEL PARA TODOS OS FÃS AO REDOR DO MUNDO.

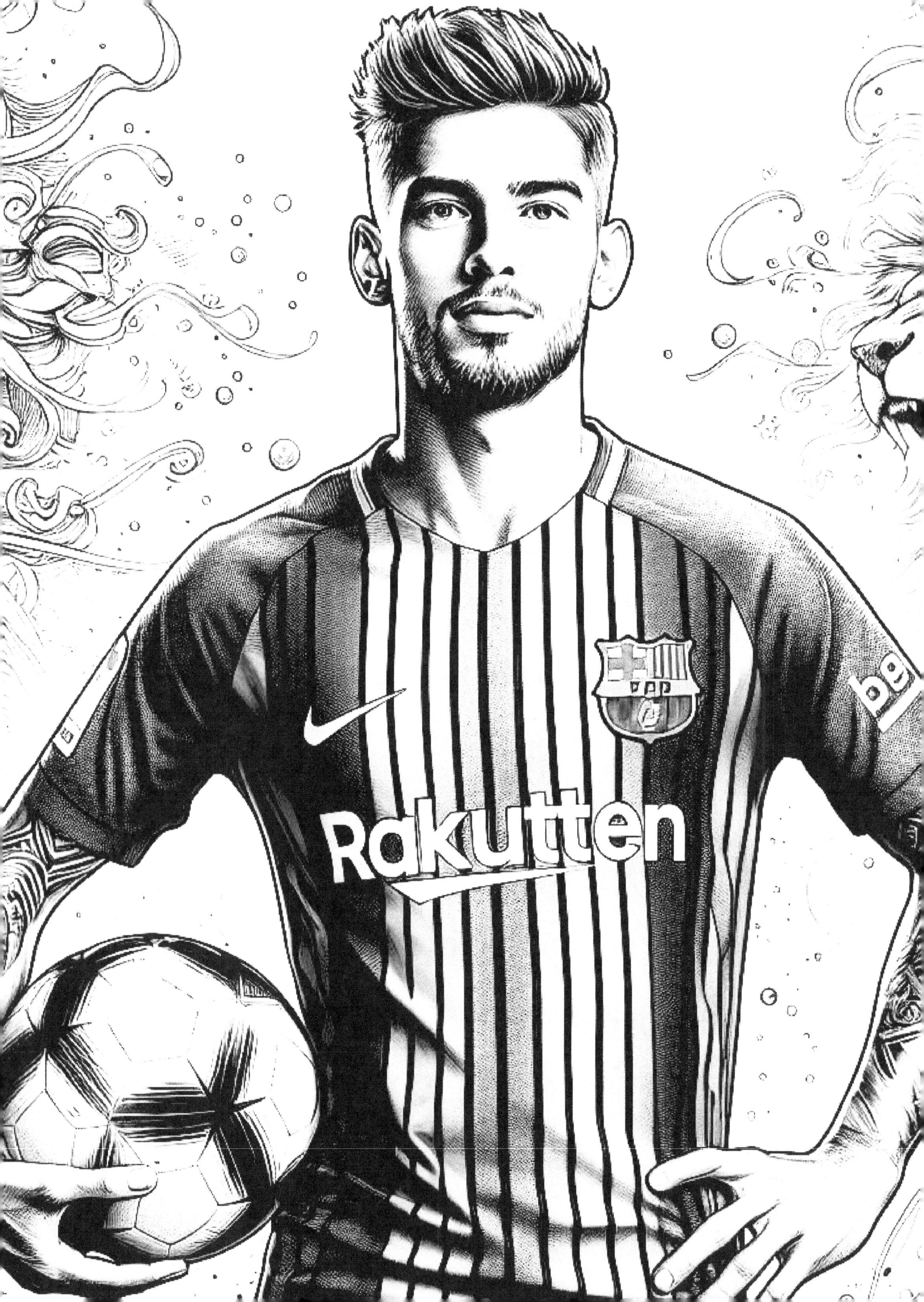

Rakutten
bg

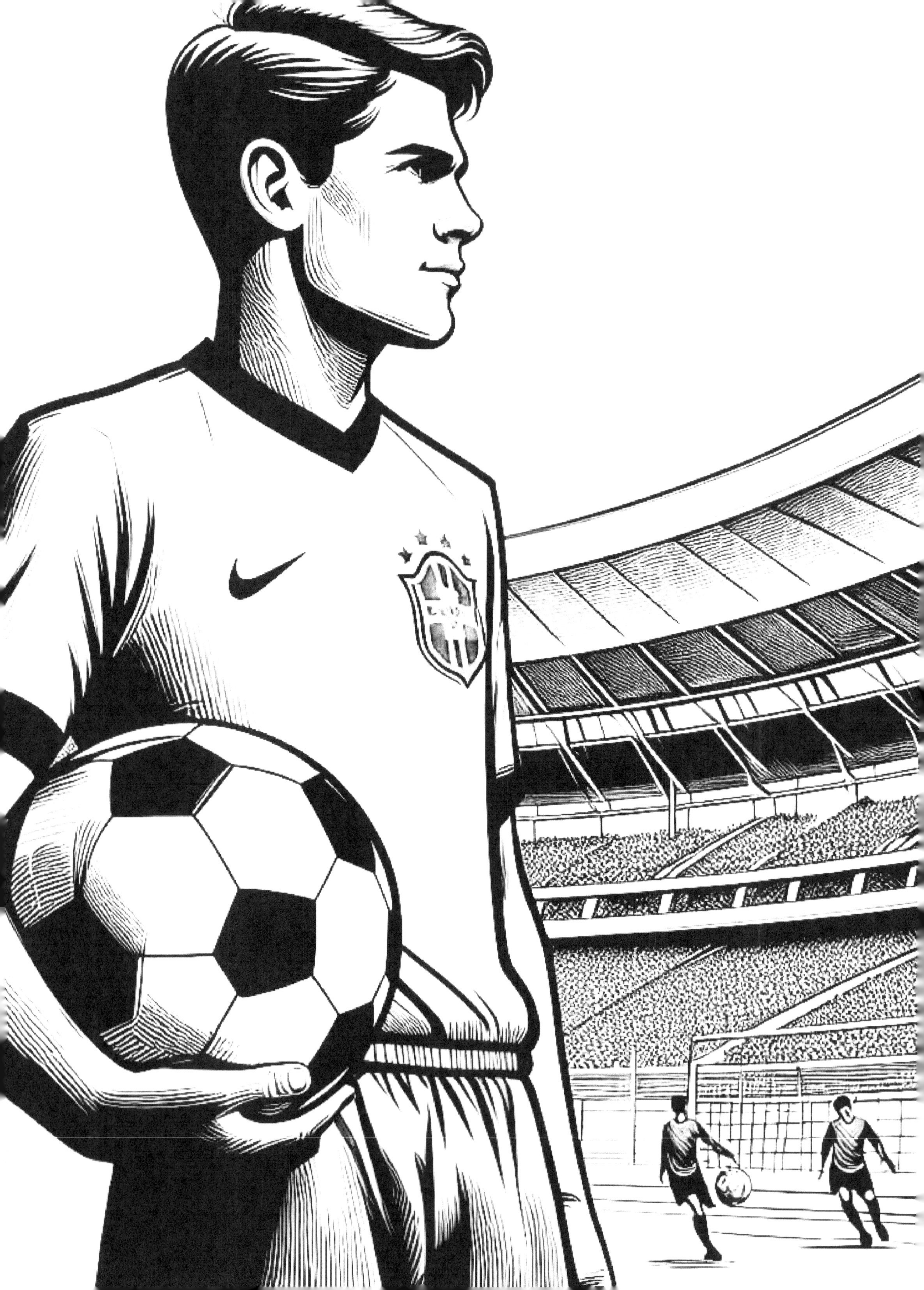

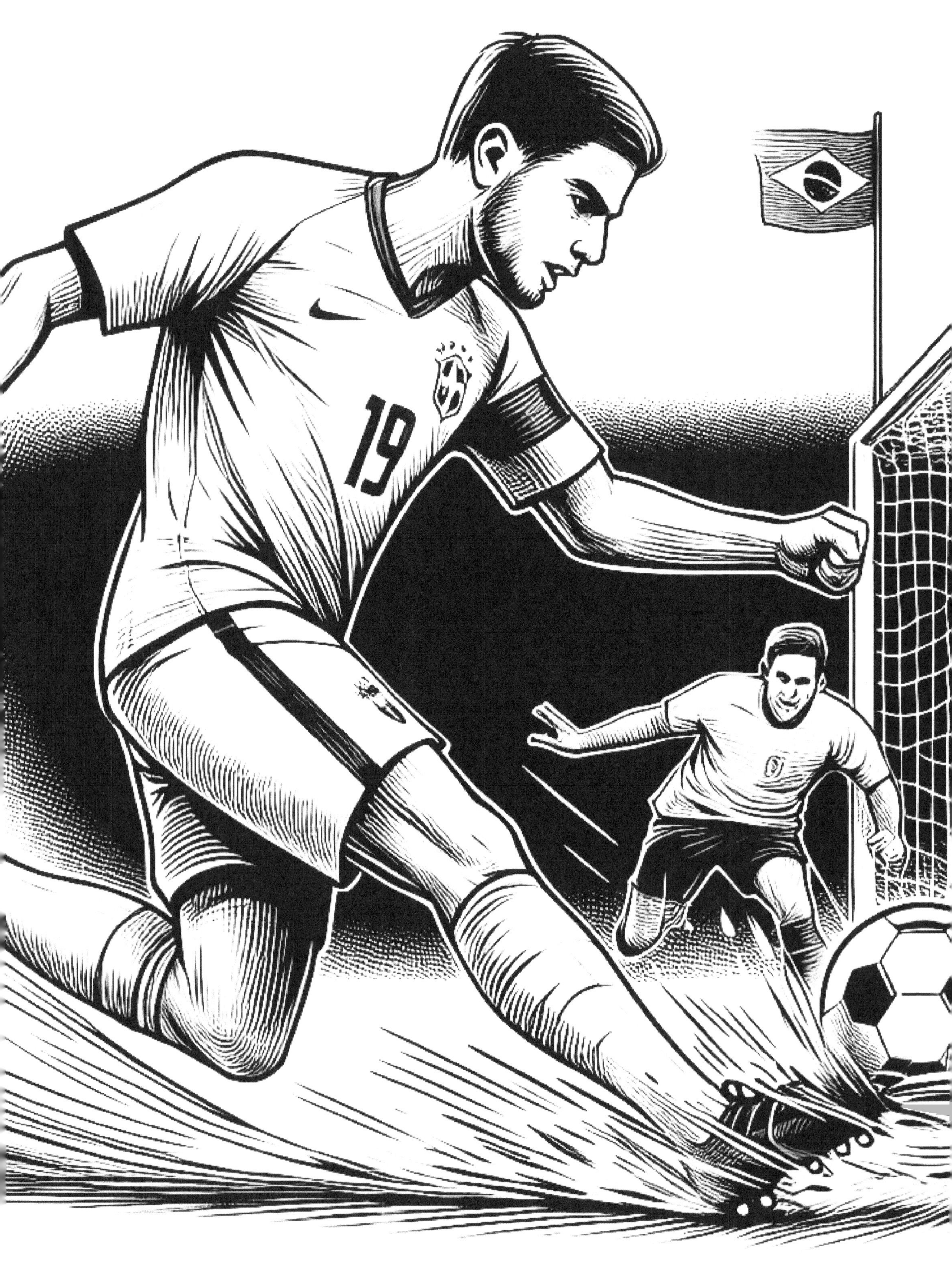

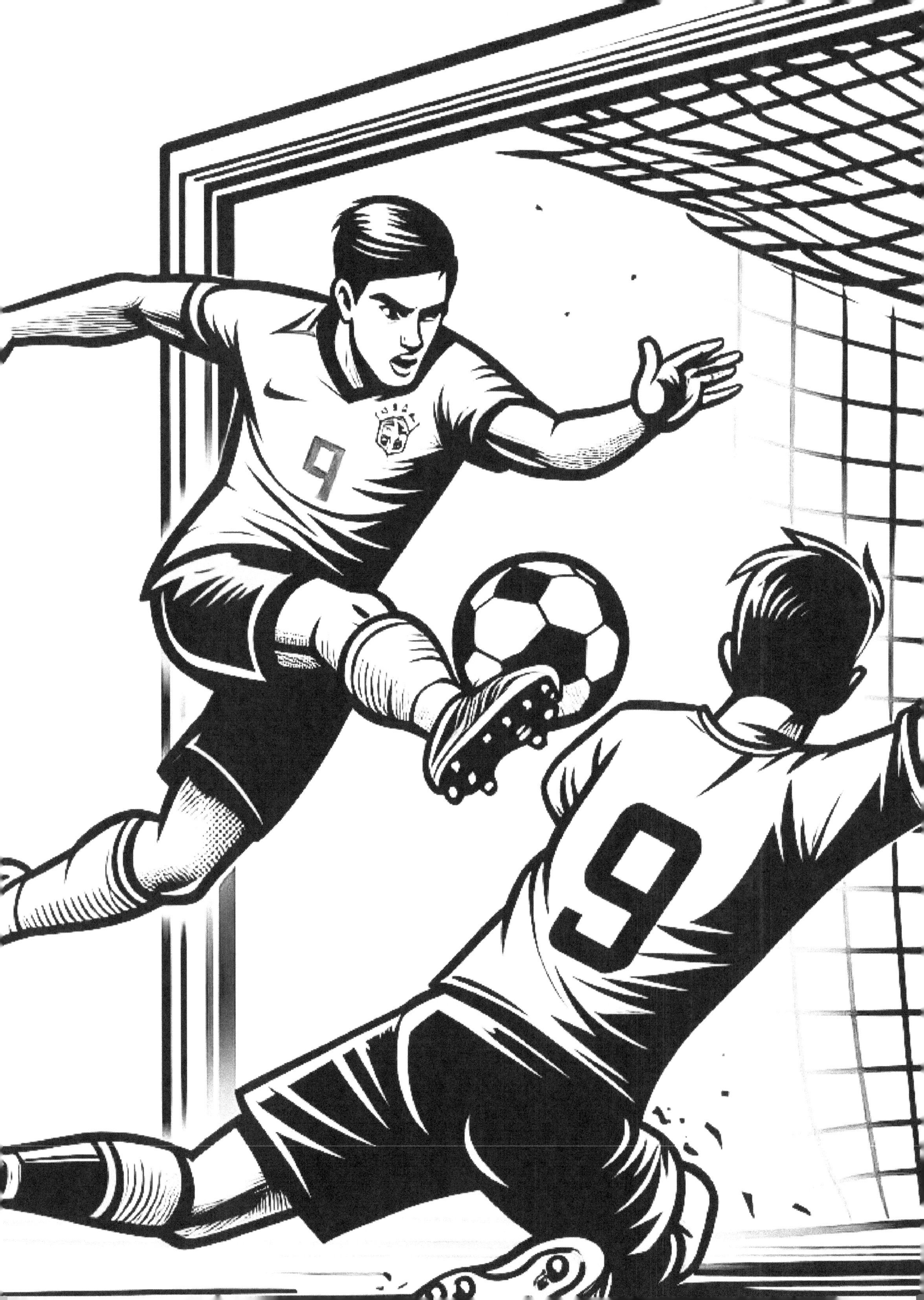

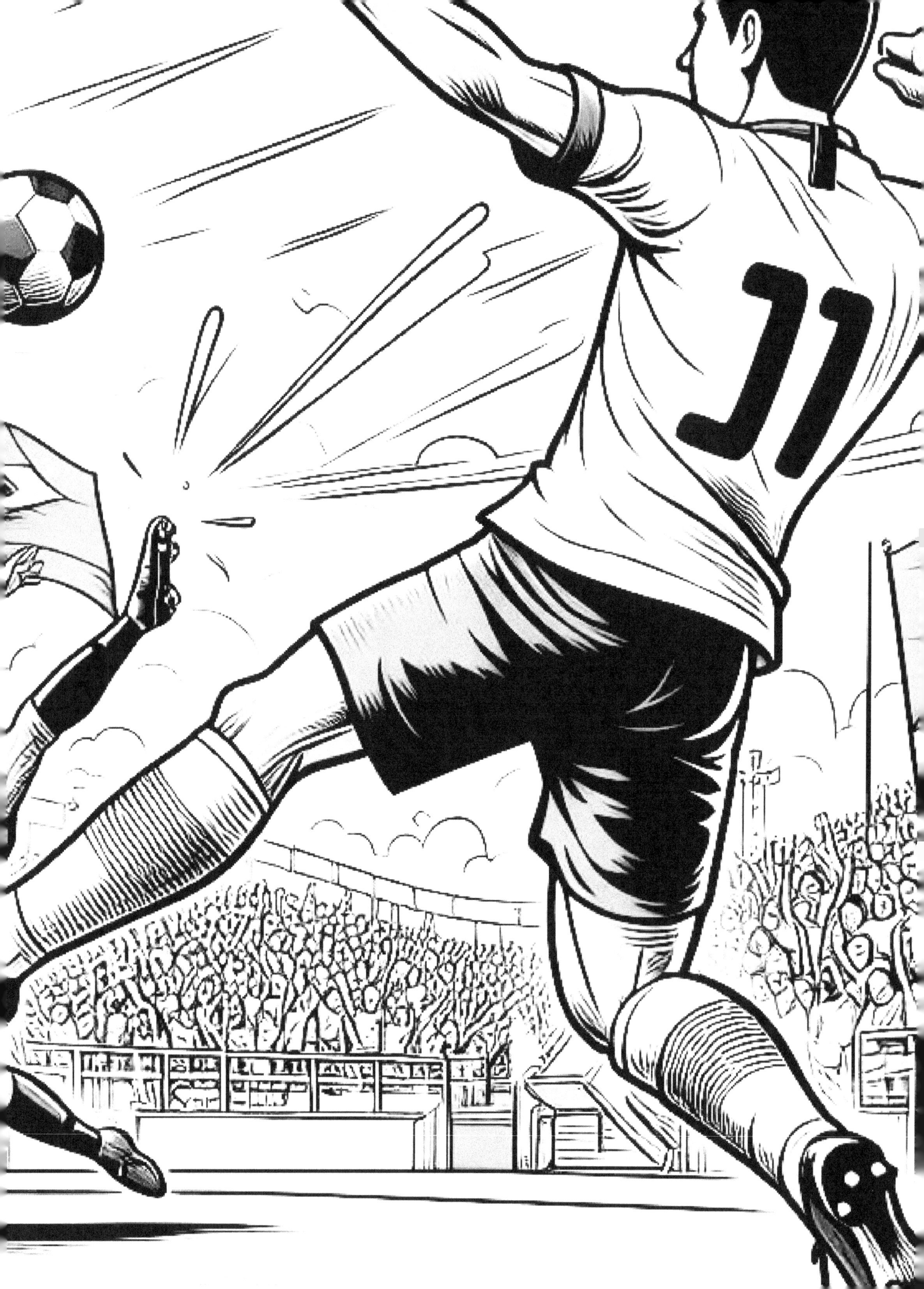

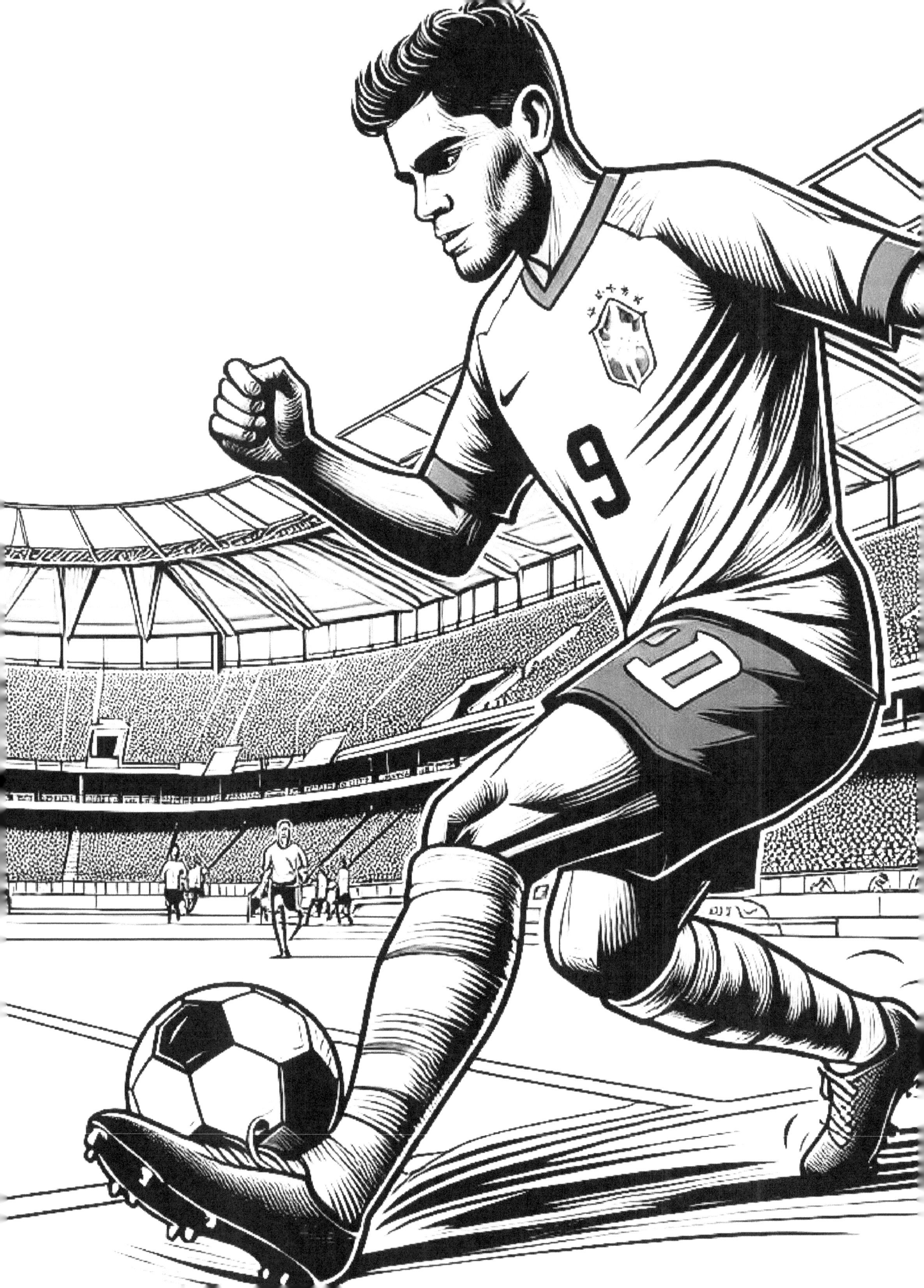

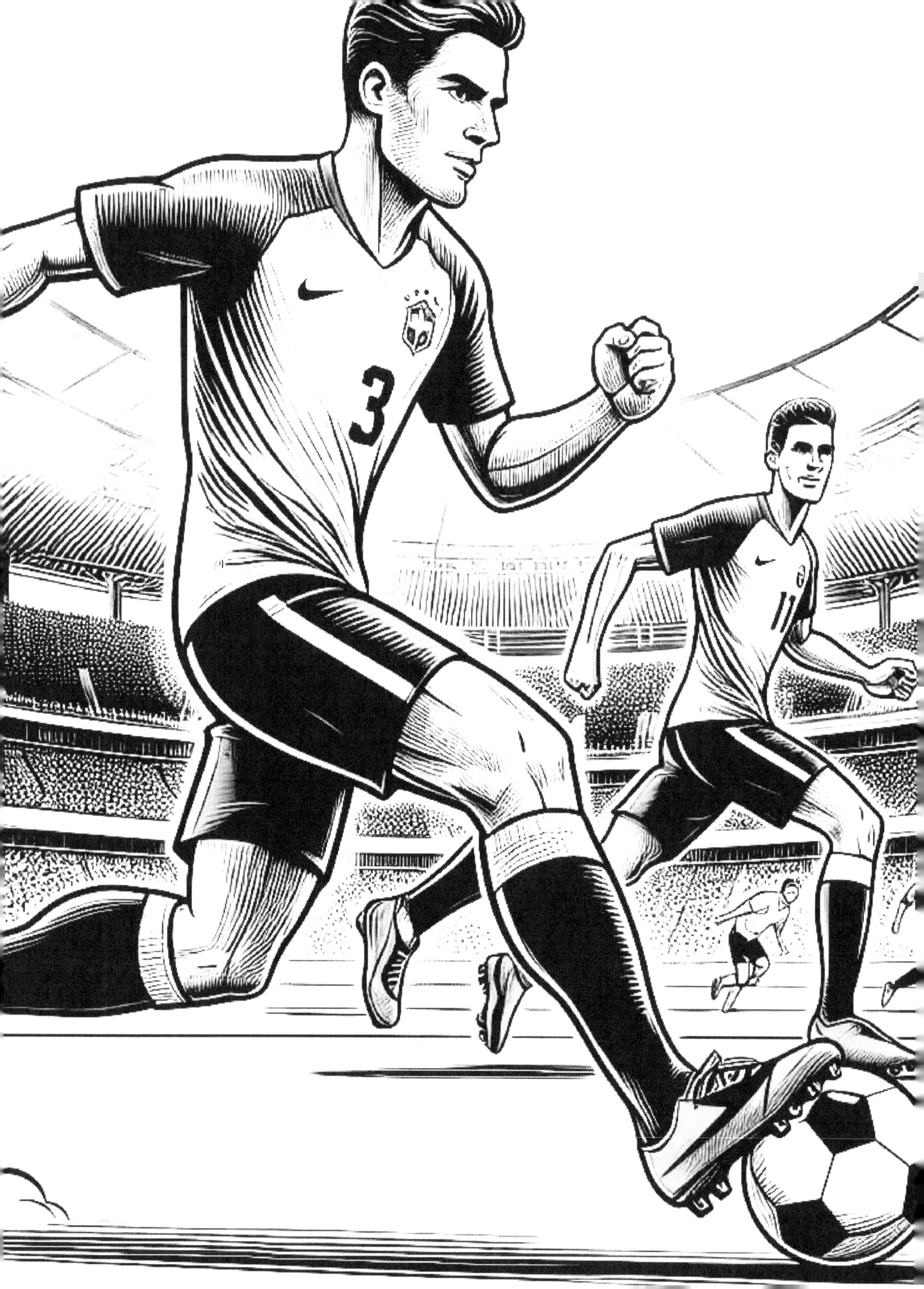

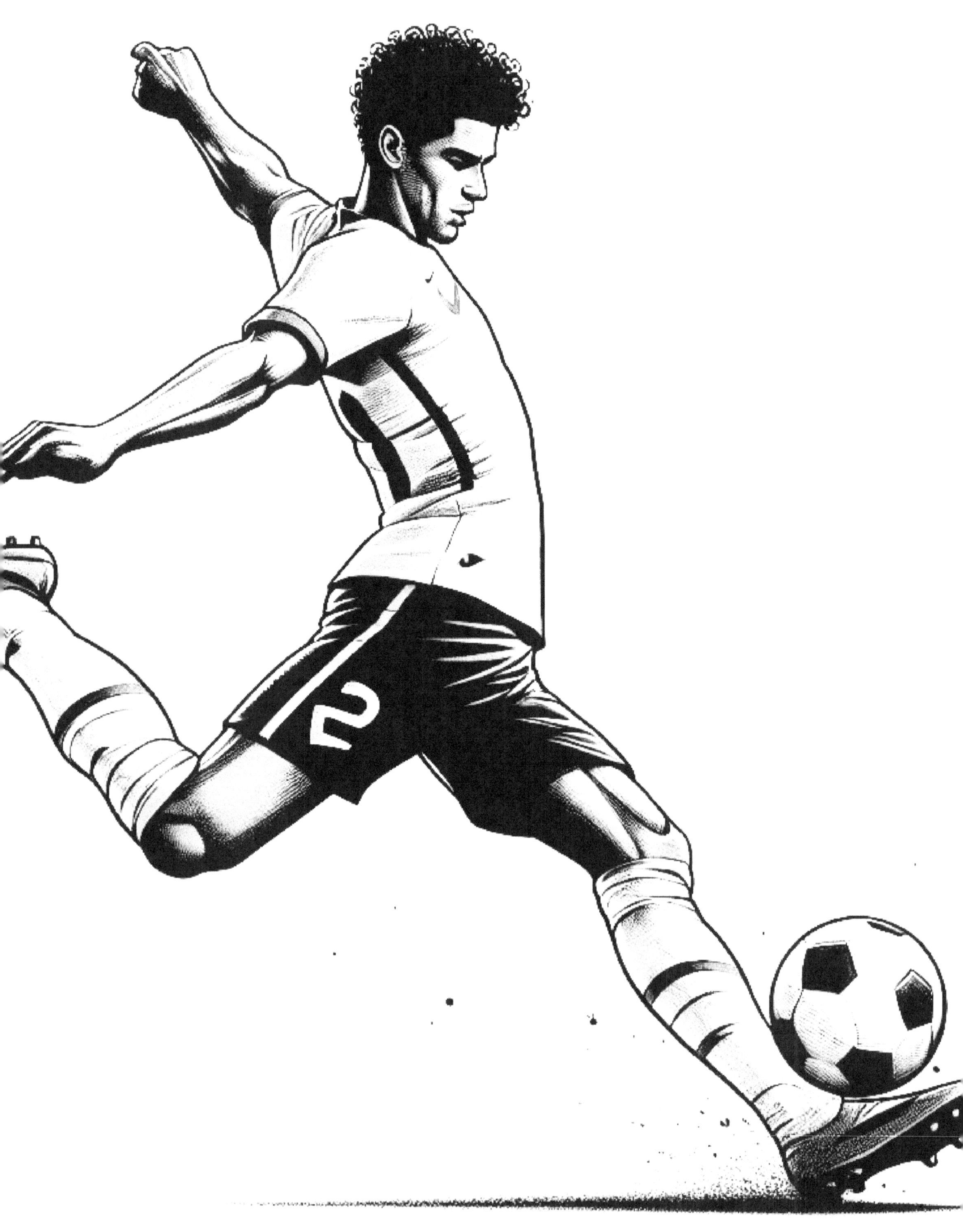

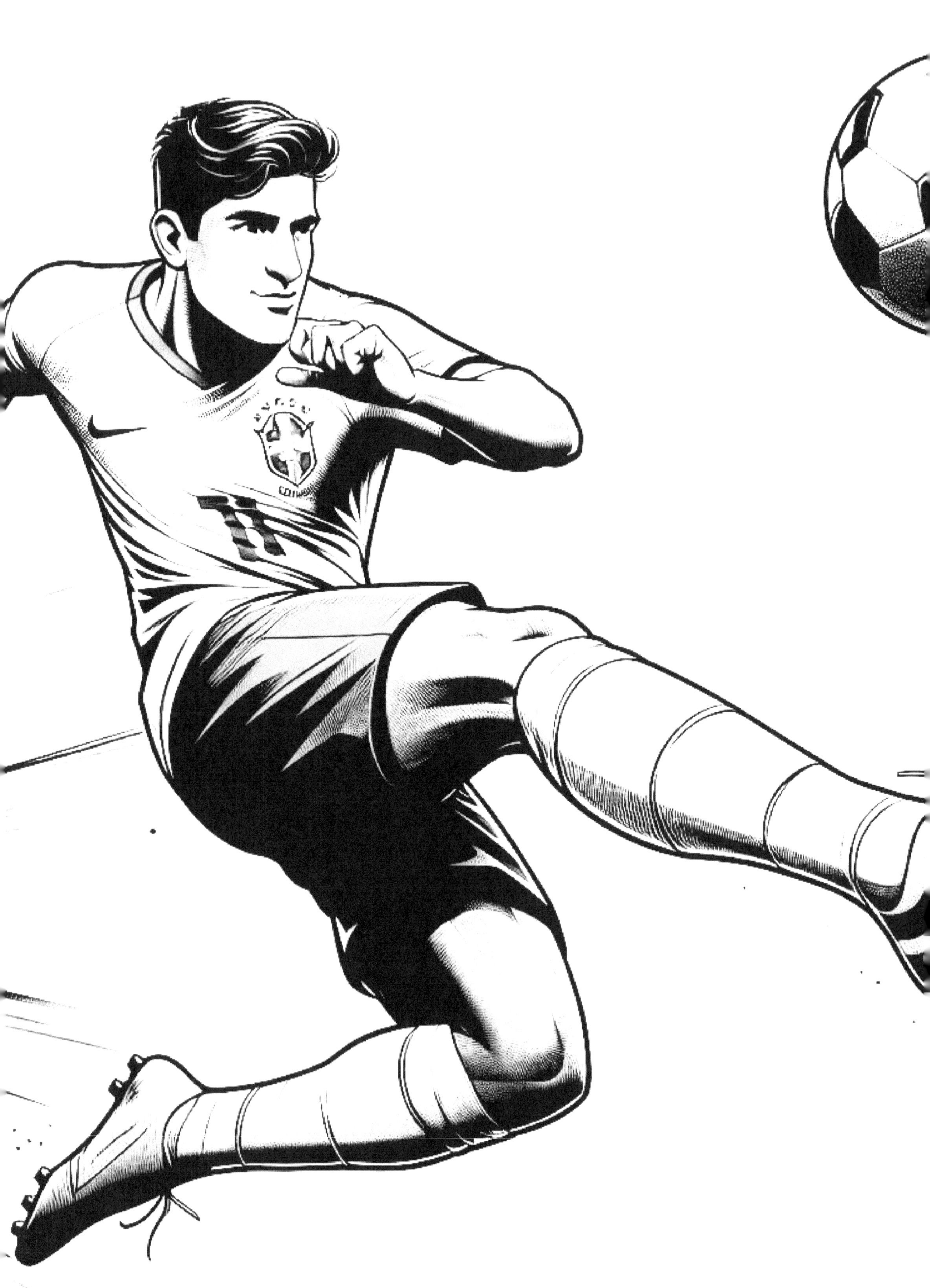

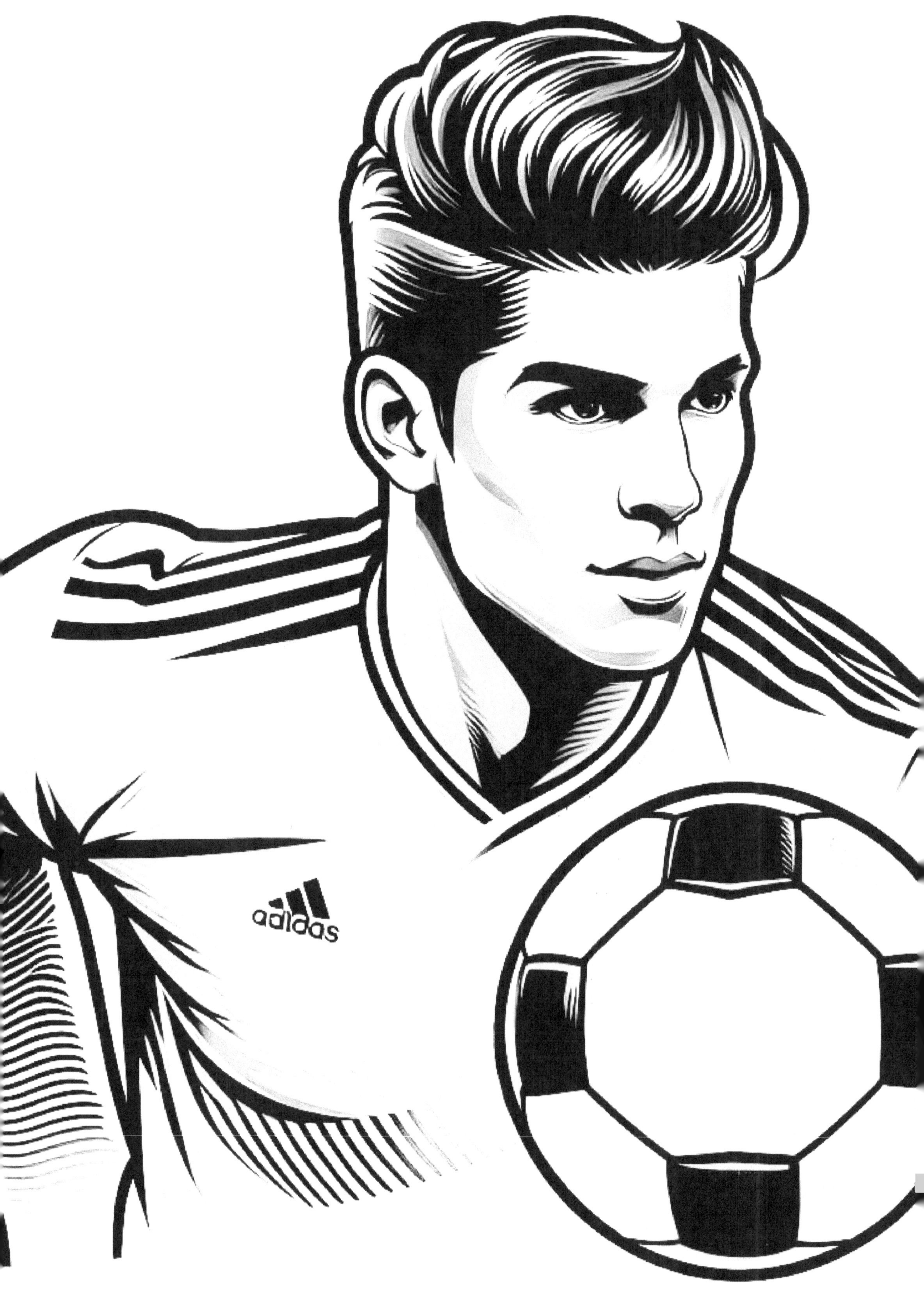

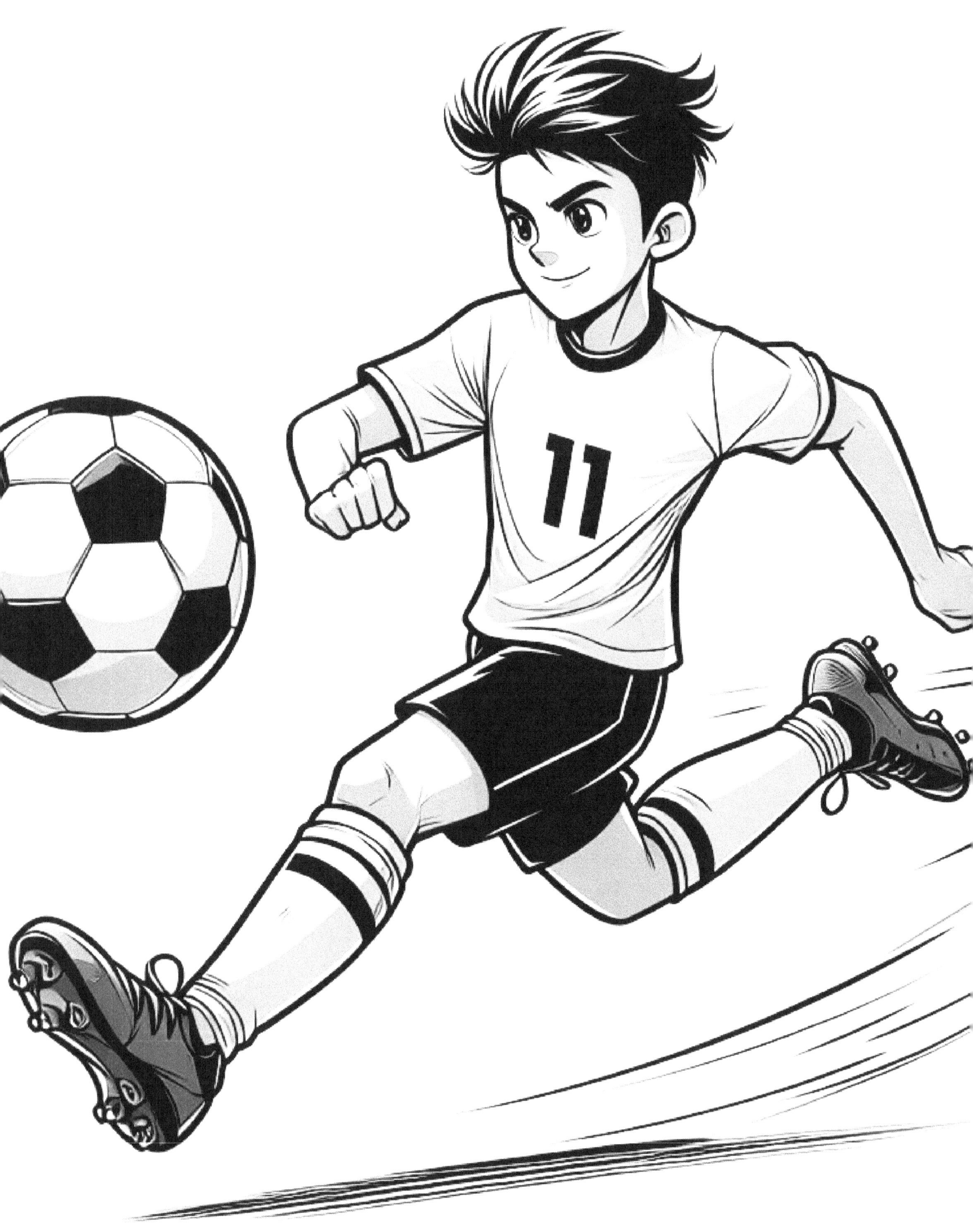

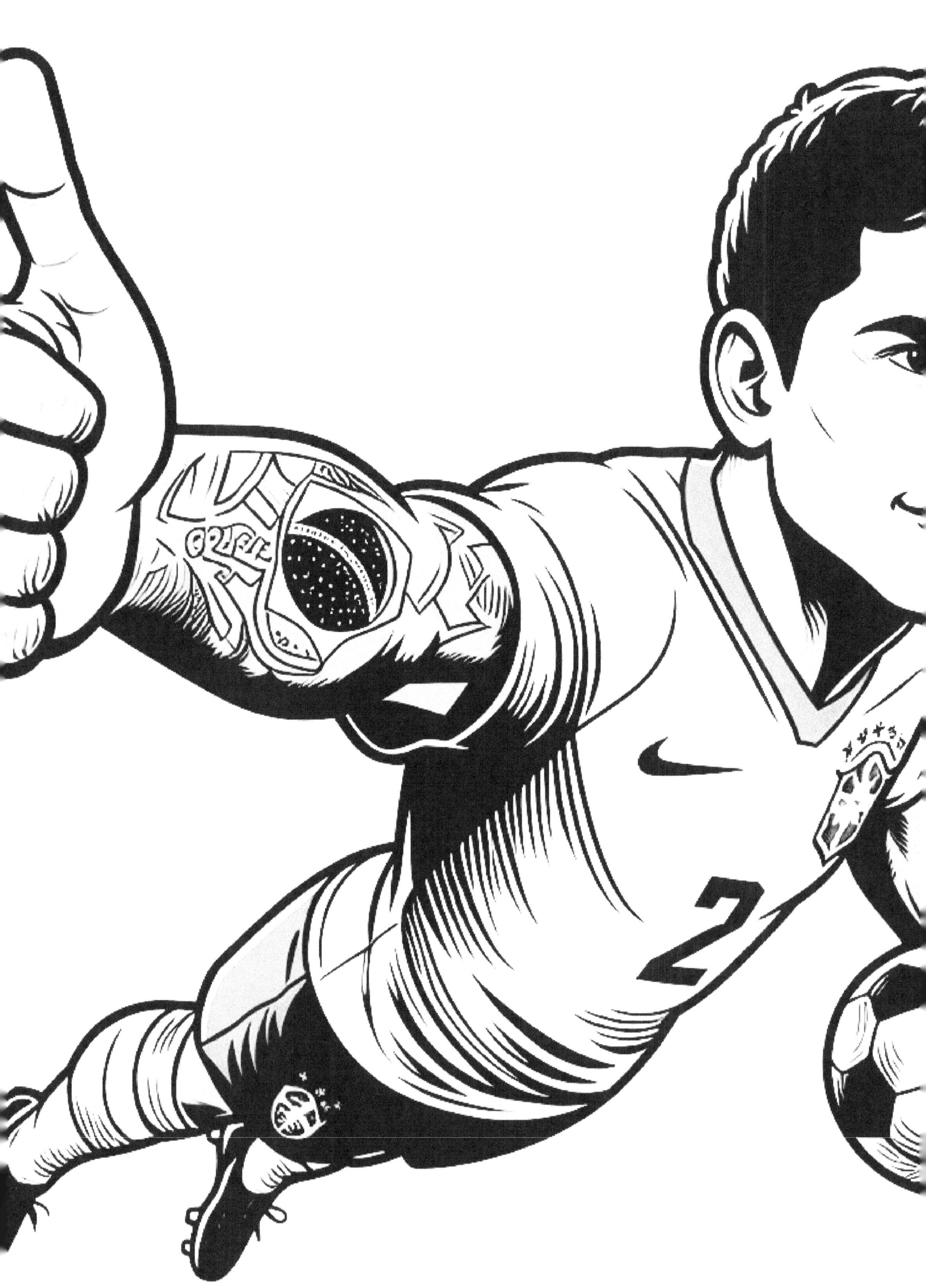

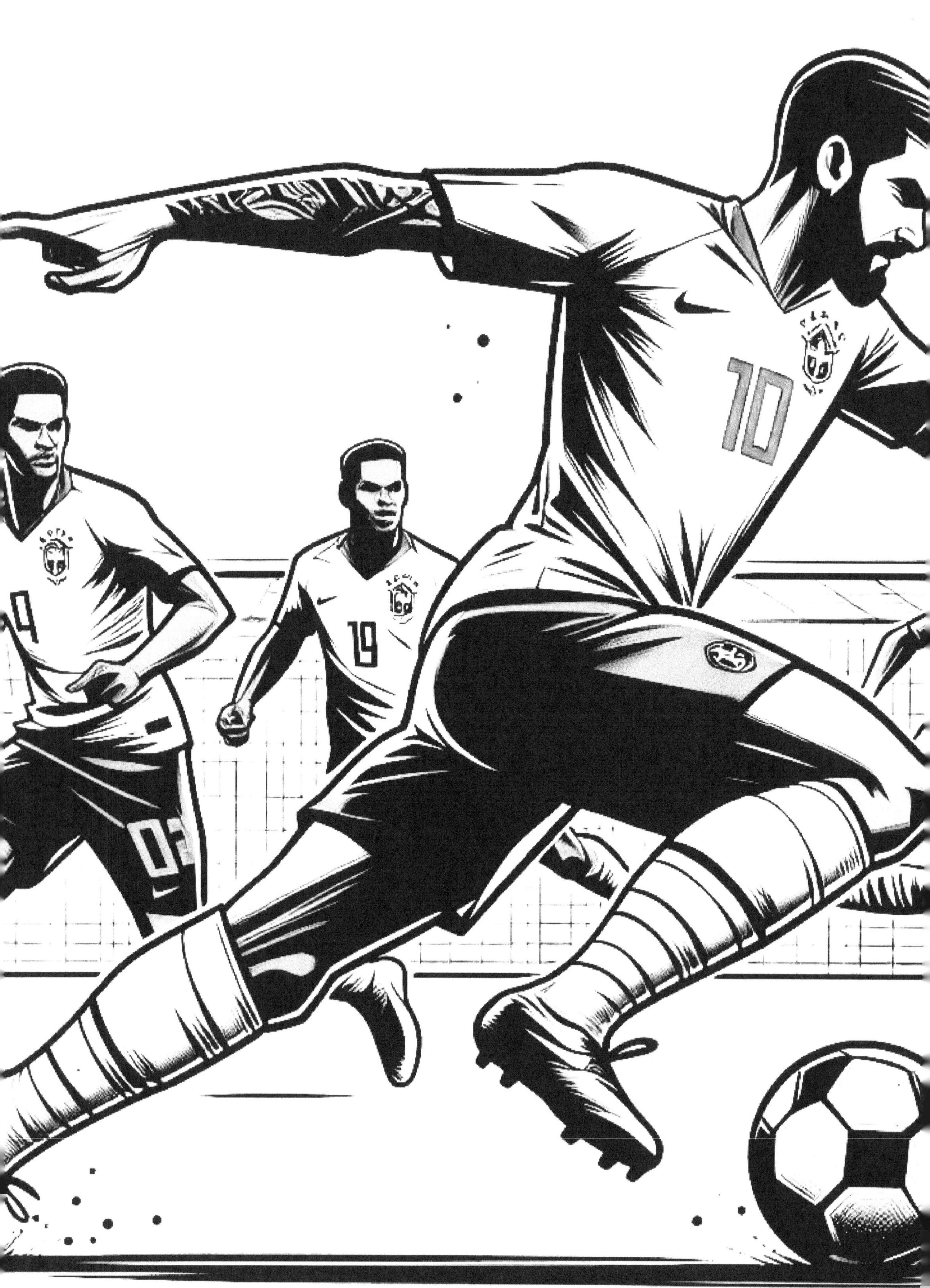

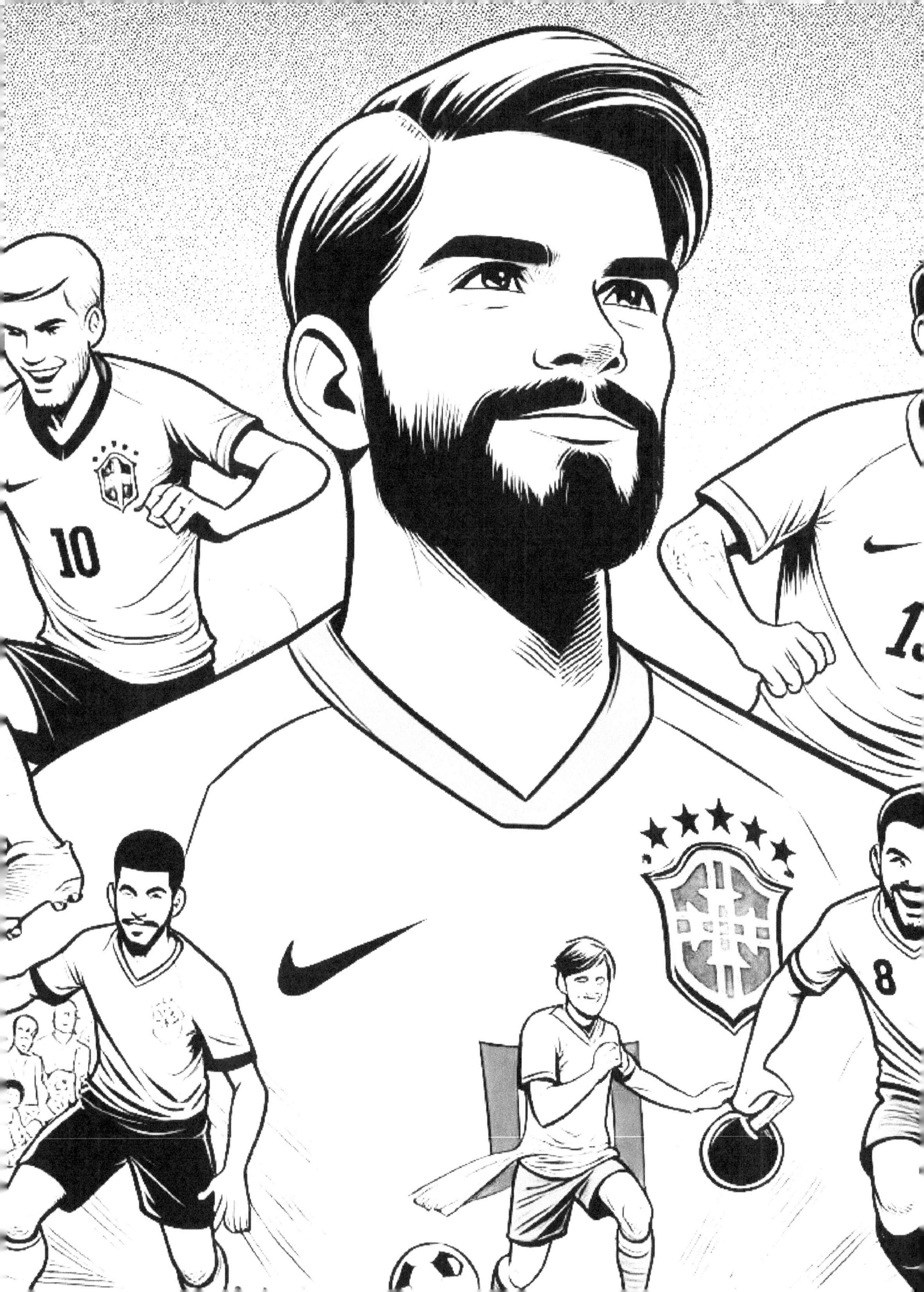

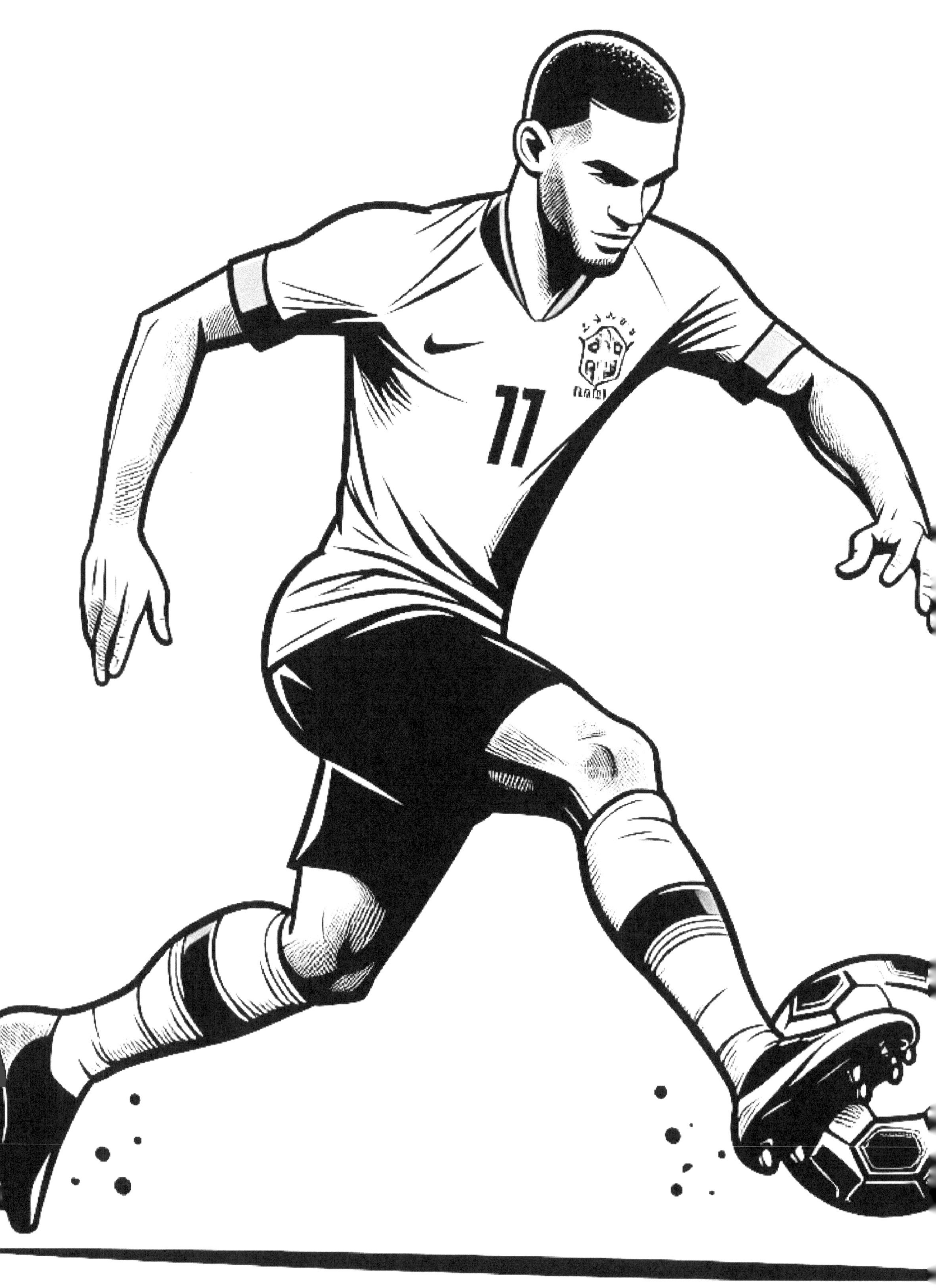

11

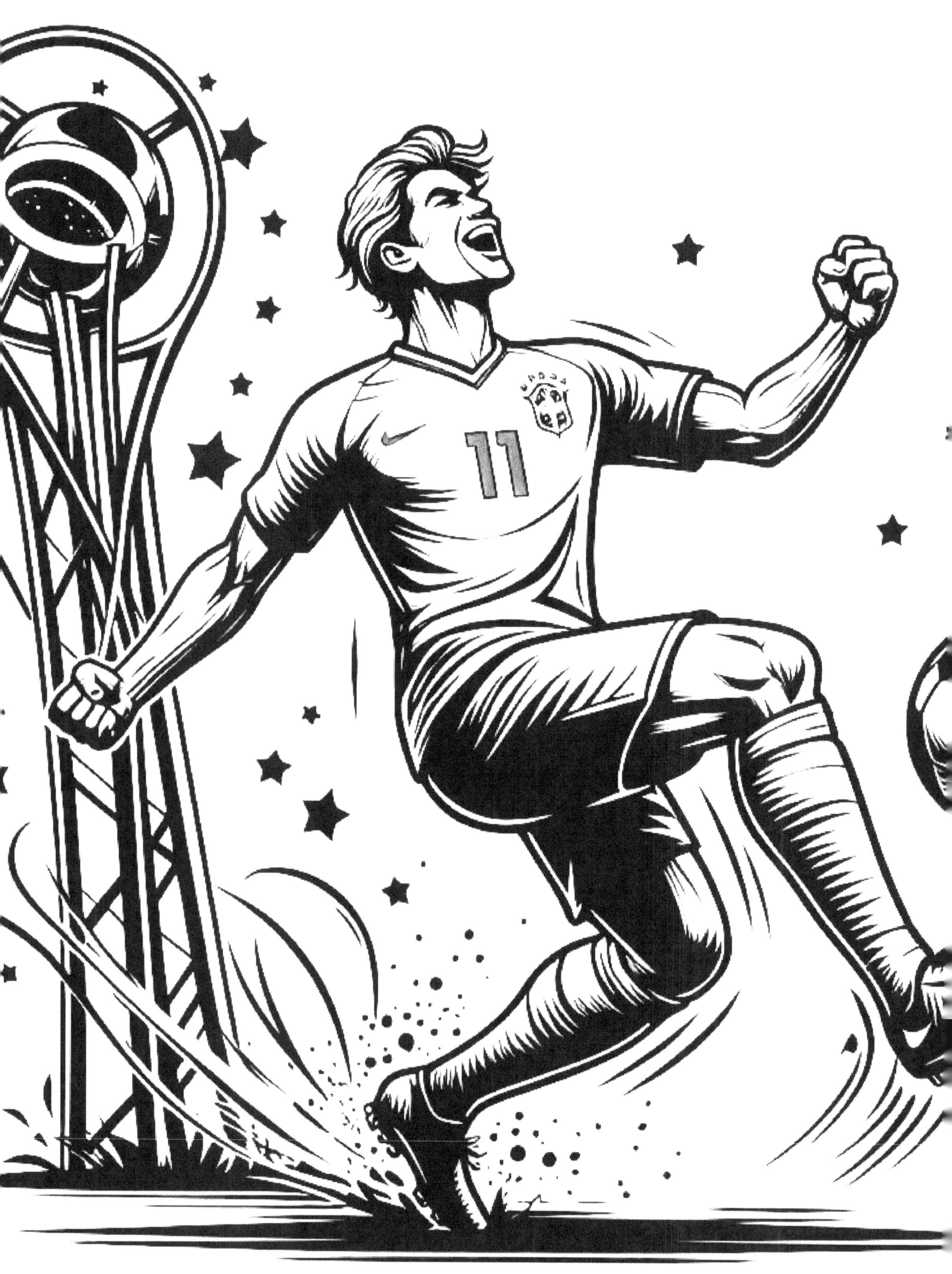

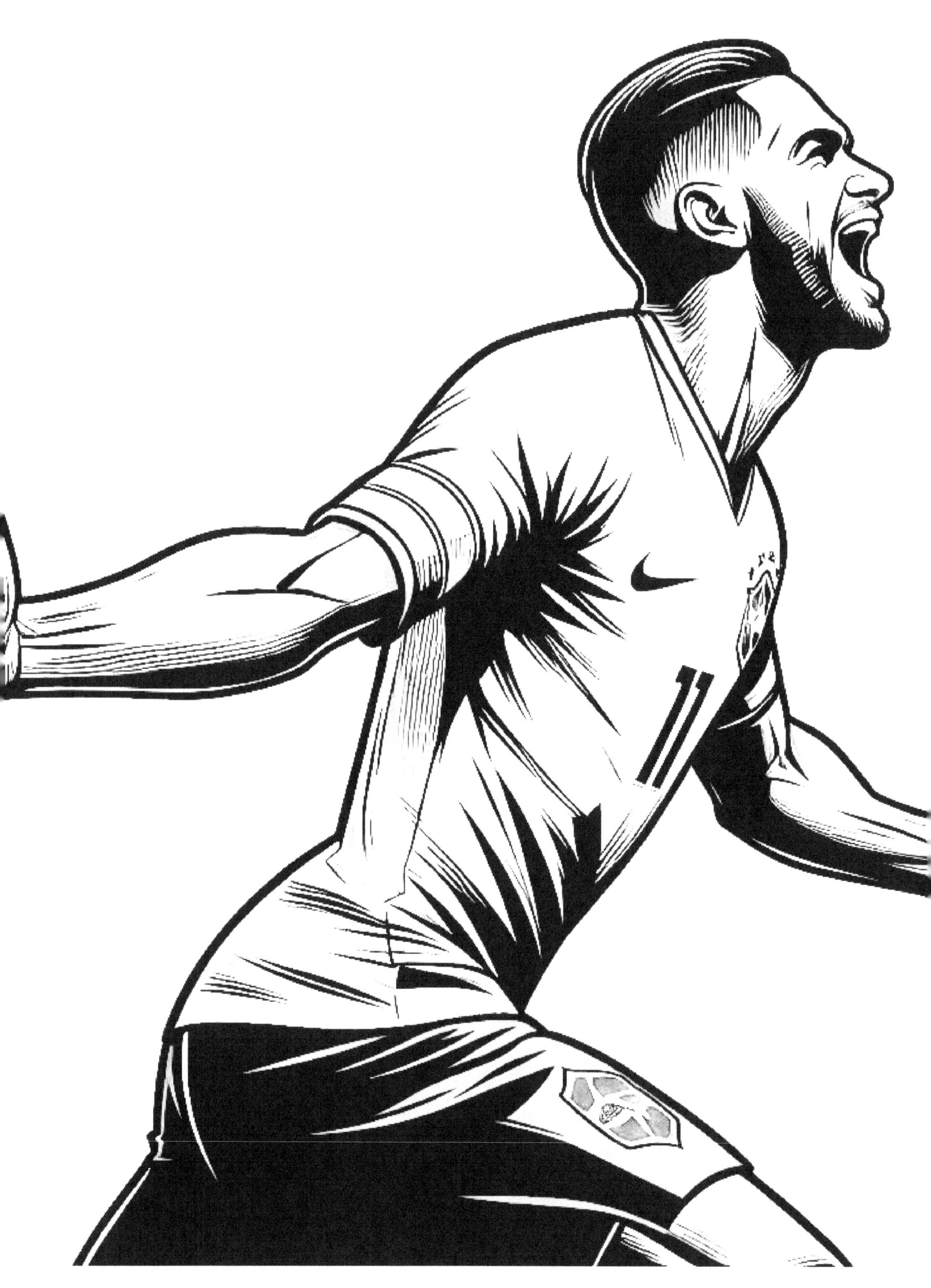

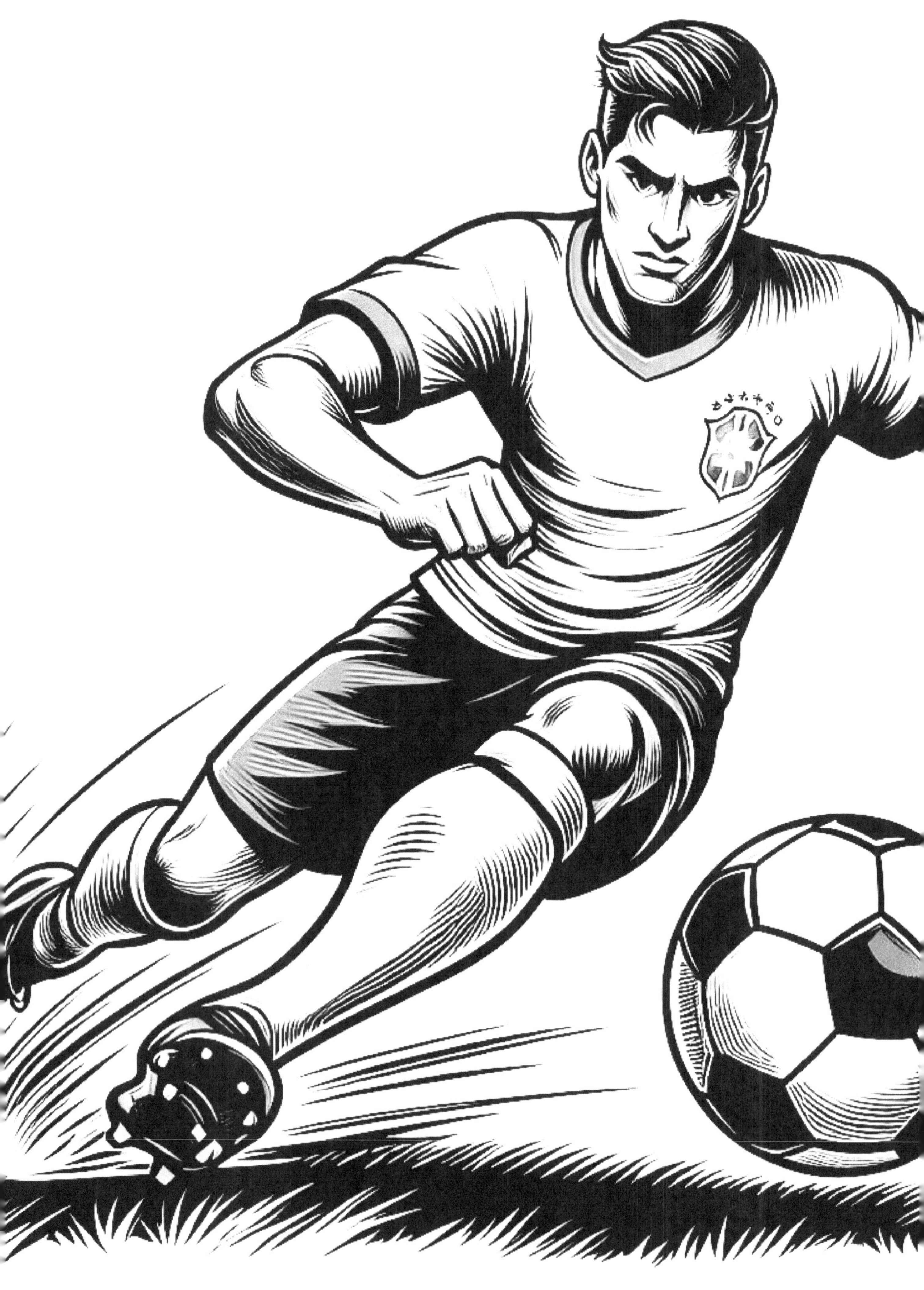

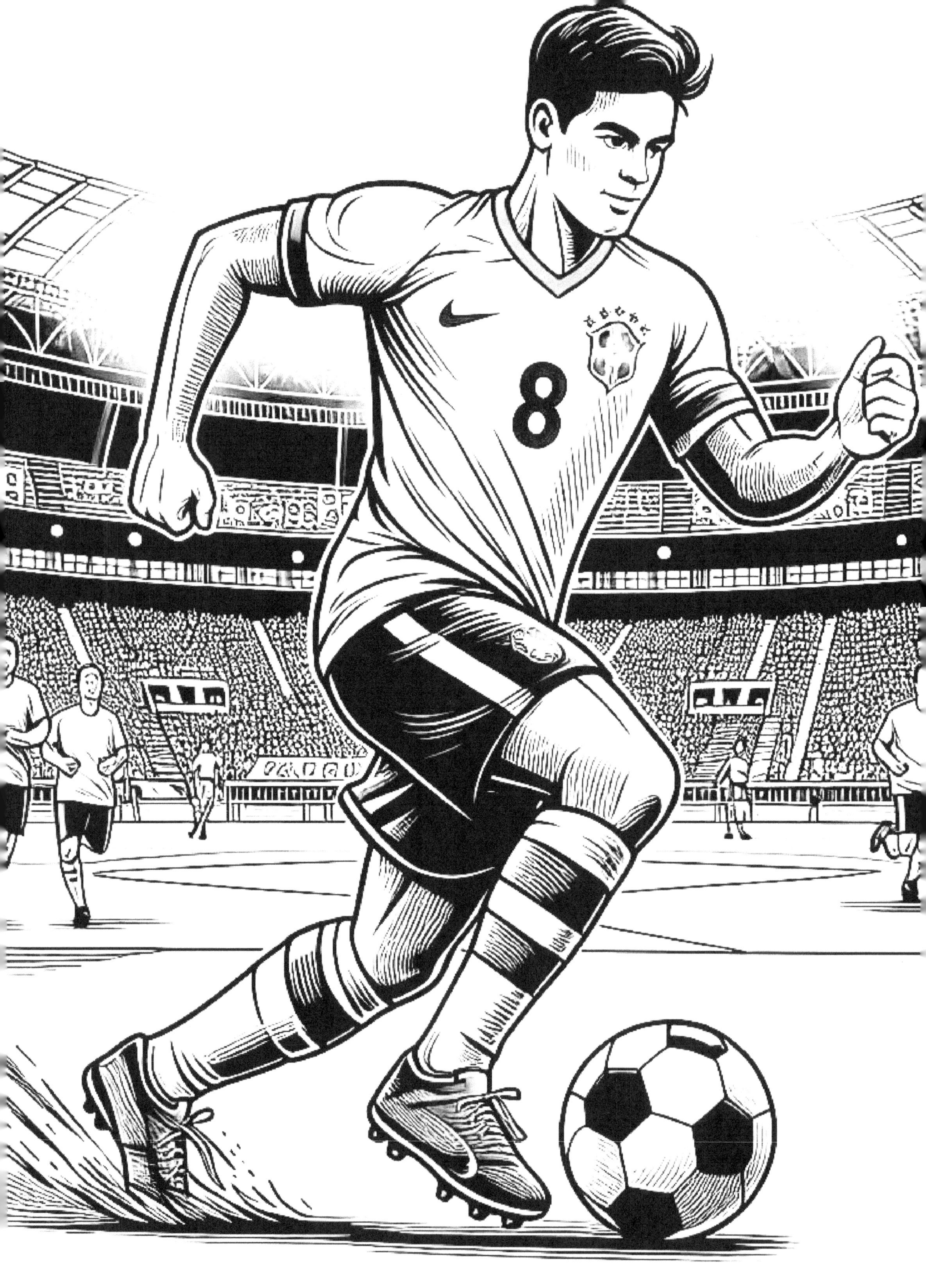

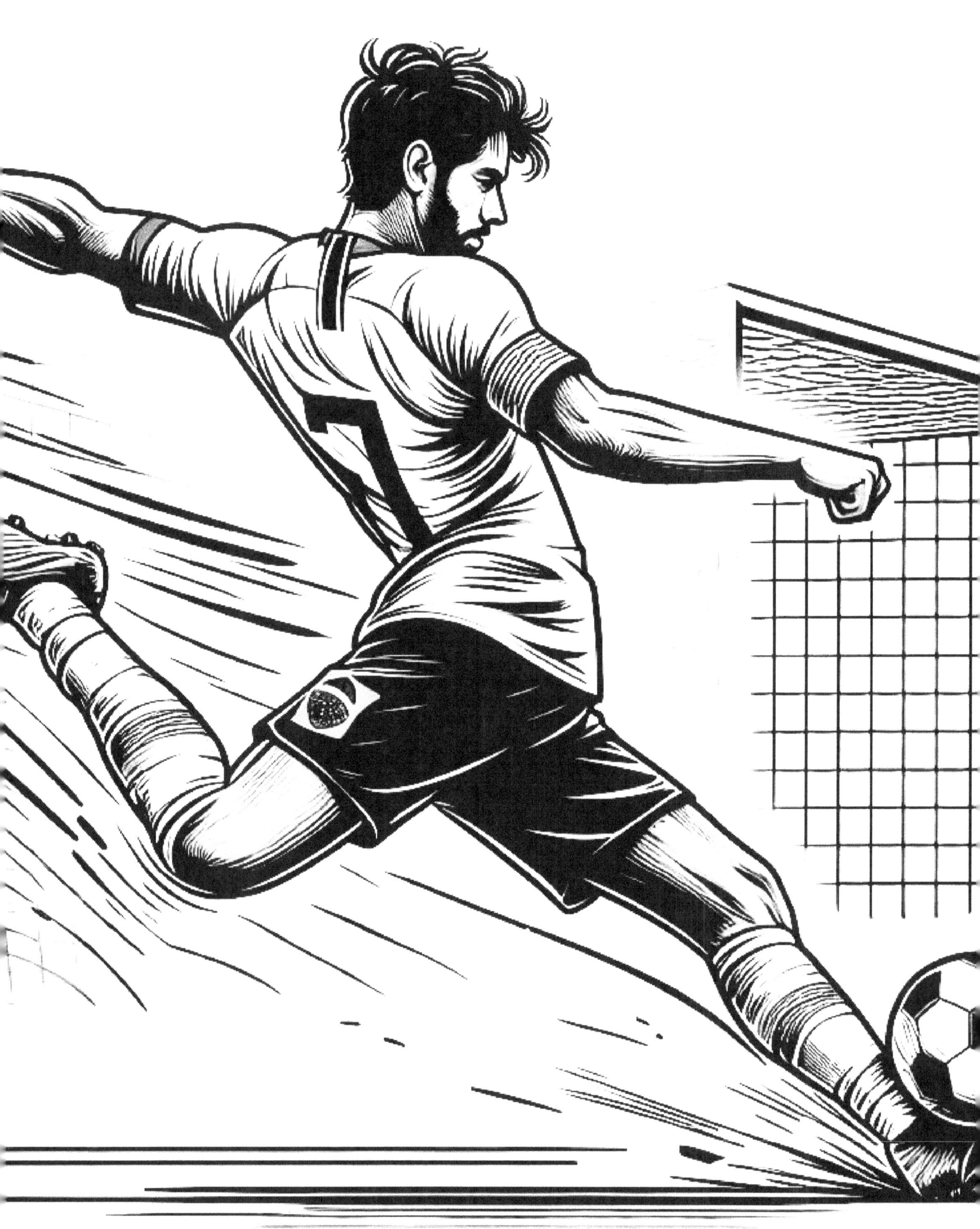

FIM ESPERO
QUE TENHA
SE
DIVERTIDO